CORNELIA SCHINHARL

WINTERGEMÜSE

FOTOGRAFIE: COCO LANG

INHALT

Öffnen Sie die Klappen dieses Buches.
Dort finden Sie die wichtigsten Infos zum Thema auf einen Blick!

DAS PRINZIP:
WINTERGEMÜSE

DIE PERFEKTE
KOMBI

Immer griffbereit:

SO GEHT'S:
GEMÜSE
VORBEREITEN

Immer griffbereit:

SO GEHT'S:
WINTERGEMÜSE
ZUBEREITEN

GU
CLOU

Wussten Sie schon, dass …?
Entdecken Sie bei einigen ausgewählten Rezepten ganz besondere Tipps mit verblüffendem Insiderwissen.
Aha-Momente garantiert!

Mit diesem Symbol sind alle vegetarischen Gerichte gekennzeichnet.

Die Backzeiten können je nach Herd variieren. Unsere Temperaturangaben beziehen sich auf das Backen im Elektroherd mit Ober- und Unterhitze.

Sammeln Ihrer Lieblingsrezepte mit der »GU Kochen Plus«-App (siehe S. 64)

REZEPTKAPITEL

CORNELIA SCHINHARL

Ein bisschen schade ist es schon, wenn die Tage kürzer werden und die ersten kalten Nächte kommen. Aber unsere Autorin freut sich trotzdem: In Sachen Gemüse steht nämlich jetzt ihre liebste Jahreszeit an! Tatsächlich sind die heimischen Sorten, die ab Herbst zu haben sind, in ihrem intensiven Aroma kaum zu überbieten.

Wo kaufen Sie Gemüse ein?

Am liebsten gehe ich auf den Wochenmarkt. Hier kann man auch im Winter an vielen Ständen aus dem Vollen schöpfen und alles schön frisch in den Einkaufskorb packen. Aber inzwischen sind Grünkohl, Rote Bete & Co ja so beliebt, dass man auch im Supermarkt richtig gute Qualität bekommt. Wichtig ist mir, dass das Gemüse knackfrisch ist und nicht schon schlapp in der Auslage liegt. Das ist dann natürlich auch für die Gesundheit am besten: je frischer, desto besser!

Ist Wintergemüse denn besonders gesund?

Auf jeden Fall! Vor allem Kohlgemüse strotzt vor Vitaminen; mit einer Portion Grünkohl (ca. 100 g) lässt sich z. B. schon der komplette Tagesbedarf an Vitamin C abdecken. Das bringt uns gut durch die kalte Jahreszeit. Möhren und Steckrüben versorgen uns mit reichlich Betacarotin, Mineralstoffen und sekundären Pflanzenstoffen. Oder Schwarzwurzeln: Sie punkten mit viel Vitamin E, Eisen und Ballaststoffen. Und die Wintersalate mit ihren Bitterstoffen – auch der Feldsalat ist ja leicht bitter – sind wichtig für Abwehrkräfte und Stoffwechsel.

Schmeckt Wintergemüse immer deftig?

Das würde ich so nicht sagen – eher kräftig! Wintergemüse hat in der Regel ein intensiveres Aroma als Frühlings- oder Sommergemüse, was wunderbar ist. Die Zubereitung spielt natürlich eine wichtige Rolle: Auch Wintergemüse lässt sich auf eher leichte und milde Art genießen. Ich persönlich schwöre auf die Frische von Winterfrüchten als ideale Kombi: am liebsten Orange, Zitrone und Granatapfel.

GANZ EASY: ROSENKOHLPÜREE

800 g Rosenkohl waschen, putzen und vierteln.

1 kleine Kartoffel schälen und würfeln.

Beides mit 400 ml Gemüsebrühe in einem Topf erhitzen, salzen, pfeffern und zugedeckt in 12–15 Min. weich dünsten.

Alles mit 100 g Crème fraîche pürieren.

½ Bio-Zitrone heiß waschen, trocken tupfen und die Schale fein abreiben.

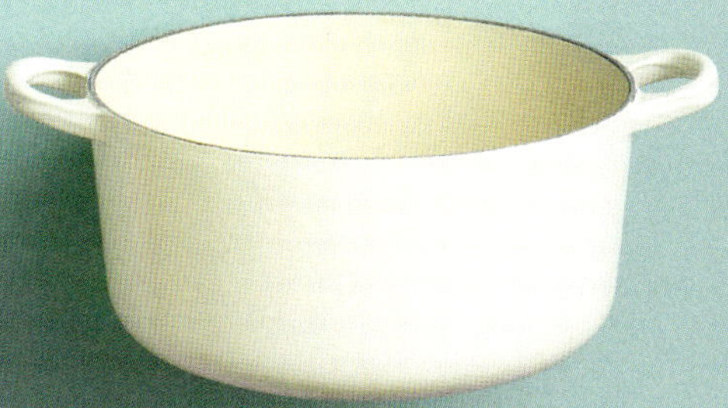

Das Rosenkohlpüree mit dem Schalenabrieb, Salz und Pfeffer abschmecken. Ergibt 4 Portionen als Beilage und passt z. B. zu gebratenem Fisch oder zu Frikadellen.

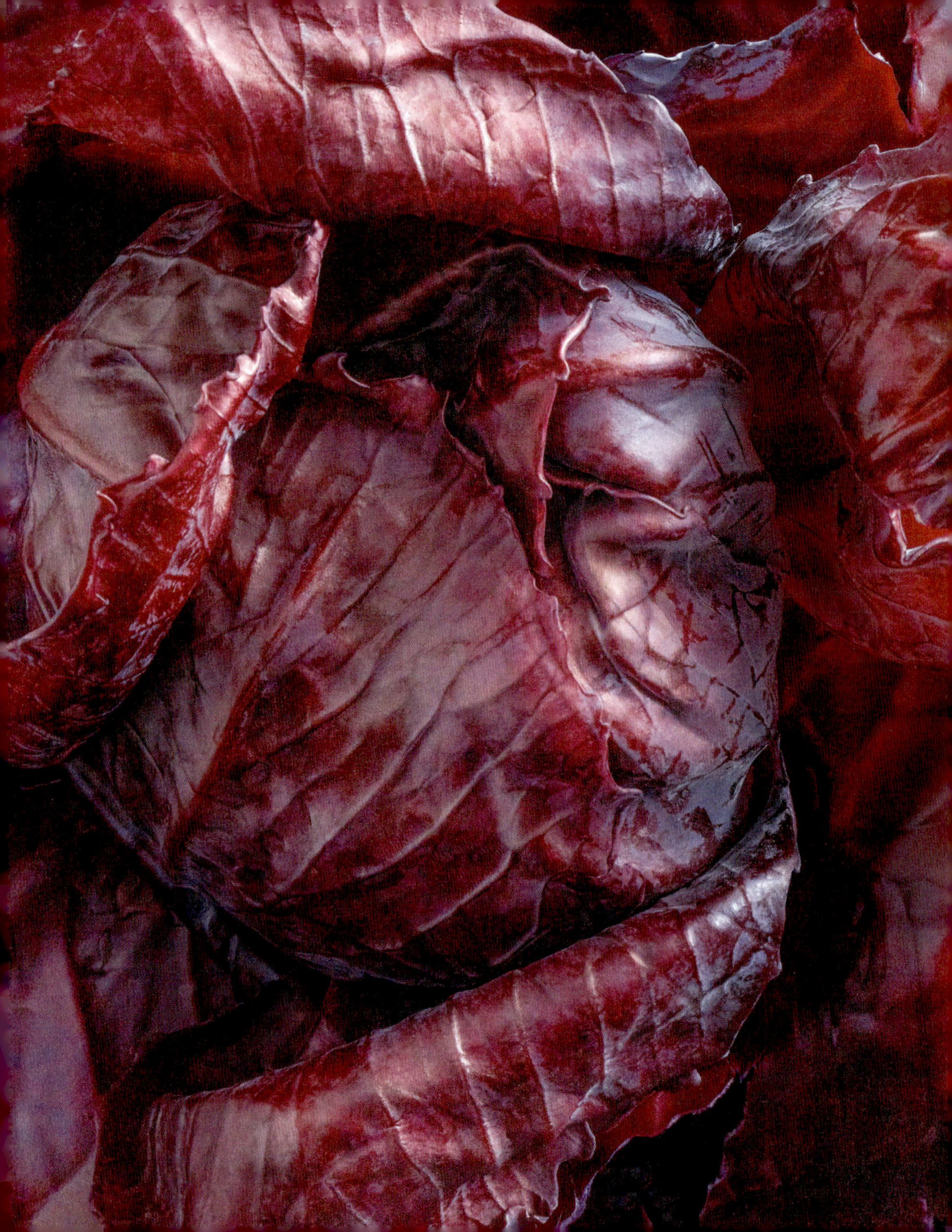

VORSPEISEN UND BEILAGEN

Für 4 Personen • 35 Min. Zubereitung • Pro Portion ca. 330 kcal, 14 g E, 25 g F, 11 g KH

CAESAR SALAD MIT KOHL

AROMATISCH

250 g Grünkohl (ersatzweise Schwarzkohl)
Salz
150 g Endiviensalat
2 Scheiben Weizenmischbrot (ca. 80 g)
50 g Frühstücksspeck
6 EL Olivenöl
2 sehr frische Eier (M)
2 Sardellenfilets (in Öl)
1 TL scharfer Senf
2 EL Zitronensaft
Pfeffer
50 g Parmesan

1 Den Grünkohl waschen und putzen. Blätter von den dicken Mittelrippen streifen oder schneiden und in breite Streifen schneiden. Währenddessen Salzwasser in einem Topf zum Kochen bringen. Die Kohlstreifen darin in ca. 10 Min. bissfest kochen. Abgießen, kalt abschrecken und abtropfen lassen.

2 Inzwischen Endiviensalat putzen, waschen, trocken schleudern und ebenfalls in breite Streifen schneiden. Brotscheiben entrinden und klein würfeln. Frühstücksspeck in feine Streifen schneiden. Eine kleine Pfanne erhitzen und den Speck darin ohne Fett bei mittlerer Hitze leicht braun braten. Aus der Pfanne nehmen, 1 EL Öl in die Pfanne gießen und die Brotwürfel darin rundum leicht knusprig braten, dann beiseitestellen.

3 Währenddessen Wasser in einem kleinen Topf zum Kochen bringen. Die Eier jeweils an der runden Seite anpiksen, damit die Schale beim Kochen nicht platzt. Eier in das kochende Wasser geben und ca. 2 Min. sprudelnd kochen. Kalt abschrecken, aufschlagen, das noch sehr flüssige Ei mit einem Löffel aus der Schale lösen und in einen hohen Rührbecher geben. Sardellenfilets abtropfen lassen, grob würfeln und mit Senf, Zitronensaft und dem restlichen Olivenöl (5 EL) dazugeben. Alles fein pürieren, mit Salz und Pfeffer abschmecken. Kohl, Endiviensalat, Speck und Brotwürfel mit dem Dressing vermischen und auf Teller verteilen. Den Parmesan darüberhobeln.

Für 4 Personen • 30 Min. Zubereitung • Pro Portion ca. 175 kcal, 2 g E, 11 g F, 17 g KH

FRUCHTIGER ROTKOHLSALAT

VITAMINREICH

½ Rotkohl (ca. 500 g)
Salz
2 Orangen
½ Granatapfel
2 TL Ahornsirup
2 EL Zitronensaft
¼ TL Chiliflocken
½ TL gemahlener Koriander
2 EL Olivenöl
2 EL Walnussöl (ersatzweise Olivenöl)

1 Rotkohl von den äußeren unschönen Blättern befreien, waschen und vierteln. Strunk keilförmig aus den Kohlvierteln herausschneiden und die Viertel in feine Streifen schneiden oder hobeln. Die Kohlstreifen mit 2 TL Salz in einer Schüssel mit den Händen kräftig durchkneten, bis sie weicher werden und glasig aussehen. Die Orangen mit einem Messer so schälen, dass auch die weiße Haut mit entfernt wird. Die Orangenfilets zwischen den Trennhäuten herausschneiden und grob würfeln, dabei den austretenden Saft auffangen.

2 Die Granatapfelhälfte in Stücke brechen und die Kerne zwischen den Trennhäuten herauslösen. Ahornsirup und Zitronensaft zum aufgefangenen Orangensaft geben und mit Salz, Chiliflocken und Koriander würzen. Oliven- und Walnussöl nach und nach unterschlagen, sodass ein cremiges Dressing entsteht. Den Rotkohl mit den Orangenwürfeln, den Granatapfelkernen und dem Dressing vermischen und den Salat abschmecken.

Für 4 Personen • 30 Min. Zubereitung • Pro Portion ca. 200 kcal, 3 g E, 11 g F, 21 g KH

PETERSILIENWURZEL-ROHKOST

ORIENTALISCH

½ Bio-Zitrone
400 g Petersilienwurzeln
1 säuerlicher Apfel
10 Datteln
1 TL flüssiger Honig
Harissa
2 EL Orangensaft
Salz, Pfeffer
½ TL Ras el Hanout (orientalische Gewürzmischung)
4 EL Olivenöl

1 Die Zitrone heiß waschen und trocken tupfen, die Schale fein abreiben und den Saft auspressen. Die Schale und den Saft in eine Salatschüssel geben. Die Petersilienwurzeln putzen, mit einem Sparschäler schälen und fein dazuraspeln. Den Apfel schälen, vierteln und vom Kerngehäuse befreien. Die Apfelviertel ebenfalls fein in die Schüssel raspeln und alles gut vermischen.

2 Die Datteln halbieren, entsteinen und in feine Streifen schneiden. Den Honig mit 1 Msp. Harissa (Menge nach Geschmack), Orangensaft, Salz, Pfeffer und Ras el Hanout verrühren. Das Öl nach und nach unterschlagen, sodass ein cremiges Dressing entsteht. Mit den Datteln zur Petersilienwurzel-Apfel-Mischung geben und alles gut vermengen. Die Rohkost abschmecken und servieren.

MARINIERTE SCHWARZWURZELN AUF PORTULAK

GUT VORZUBEREITEN

Für 4 Personen • 40 Min. Zubereitung • 30 Min. Marinieren • Pro Portion ca. 130 kcal, 3 g E, 8 g F, 9 g KH

1 große Zitrone
500 g Schwarzwurzeln
Salz
1 TL scharfer Senf
1 TL Apfeldicksaft (ersatzweise flüssiger Honig)
1 EL Apfelessig
Pfeffer
2 EL Rapsöl
4 Stängel Petersilie
1 Pink Grapefruit
100 g Portulak (ersatzweise Feldsalat)
2 EL Sonnenblumenkerne

1 Die Zitrone auspressen, 1 EL Zitronensaft beiseitestellen und den übrigen Saft mit 500 ml Wasser in einer Schüssel vermischen. Die Schwarzwurzeln (Bild 1) unter fließendem Wasser mit einem Sparschäler schälen, dabei wegen des klebrigen Wurzelsafts am besten Einmalhandschuhe tragen. Die Wurzelenden abschneiden, die Schwarzwurzeln in ca. 5 cm lange Stücke schneiden und gleich in das Zitronenwasser legen (Bild 2).

2 Salzwasser zum Kochen bringen und die Schwarzwurzeln darin in ca. 20 Min. bissfest garen. 2 EL Kochwasser abnehmen und in eine Salatschüssel gießen. Die Schwarzwurzeln abgießen, kalt abschrecken und abtropfen lassen.

3 Übrigen Zitronensaft (1 EL) mit Senf, Apfeldicksaft, Essig, Salz und Pfeffer zum Kochwasser in die Salatschüssel geben und alles verrühren. Öl nach und nach unterschlagen (Bild 3). Die Petersilie waschen und trocken schütteln, die Blättchen abzupfen und fein hacken. Mit den Schwarzwurzeln unter das Dressing mischen und alles mindestens 30 Min. ziehen lassen.

4 Inzwischen die Grapefruit mit einem Messer so schälen, dass auch die weiße Haut mit entfernt wird. Grapefruitfilets zwischen den Trennhäuten herausschneiden und klein würfeln (Bild 4). Den Portulak (Bild 5) verlesen, waschen und trocken schleudern. Sonnenblumenkerne in einer Pfanne ohne Fett goldbraun anrösten. Portulak und Grapefruitwürfel mischen und auf vier Teller geben. Schwarzwurzeln abschmecken und mit der Marinade darauf verteilen. Mit den Sonnenblumenkernen bestreuen und servieren (Bild 6).

Für 6 Personen • 45 Min. Zubereitung • 1 Std. Ruhen • Pro Portion ca. 295 kcal, 10 g E, 9 g F, 43 g KH

TOPINAMBUR-APFEL-FLAMMKUCHEN

FÜR GÄSTE

FÜR DEN TEIG

250 g Weizenmehl (ersatzweise Dinkelmehl)
50 g Vollkorn-Roggenmehl
Salz
20 g frische Hefe (ca. ½ Würfel)
½ TL Honig
1 EL Olivenöl

FÜR DEN BELAG

50 g durchwachsener Räucherspeck
1 großer Zweig Salbei
400 g Topinambur
1 großer säuerlicher Apfel
1 EL Olivenöl
Salz, Pfeffer
200 g saure Sahne

AUSSERDEM

Mehl für die Arbeitsfläche

TEIG: Beide Mehlsorten mit 1 TL Salz in einer Schüssel mischen. Die Hefe in Stückchen krümeln und mit dem Honig in 150 ml lauwarmem Wasser auflösen. Mit dem Olivenöl zur Mehlmischung geben und alles zu einem glatten, geschmeidigen Teig verkneten. Den Teig in der Schüssel mit einem Geschirrtuch abdecken und an einem warmen Ort ca. 1 Std. gehen lassen, bis er sein Volumen etwa verdoppelt hat.

BELAG: Speck in feine Streifen schneiden. Salbeiblätter abzupfen, sauber reiben und in feine Streifen schneiden. Topinambur schälen und erst in dünne Scheiben, dann in Stifte schneiden. Apfel vierteln, schälen, vom Kerngehäuse befreien und klein würfeln. Topinambur, Apfel, Speck, Salbei und Olivenöl mischen, mit Salz und Pfeffer abschmecken.

FERTIGSTELLEN: Backofen auf 250° vorheizen, ein Backblech mit Backpapier auslegen. Teig nochmals durchkneten und halbieren. Eine Hälfte des Teigs auf einer Arbeitsfläche mit wenig Mehl so dünn wie möglich ausrollen, auf das Blech legen und mit der Hälfte der sauren Sahne bestreichen. Die Hälfte der Topinambur-Apfel-Mischung darauf verteilen. Den Flammkuchen im heißen Ofen (Mitte) 10–12 Min. backen, bis er knusprig und schön gebräunt ist. Inzwischen den restlichen Teig ebenso ausrollen und auf Backpapier belegen. Den mittlerweile fertigen Flammkuchen vom Blech ziehen, in Stücke schneiden und warm servieren. Den zweiten Flammkuchen auf die gleiche Weise fertig backen.

Für 4 Personen • 30 Min. Zubereitung • 60 Min. Garen • Pro Portion ca. 280 kcal, 5 g E, 18 g F, 22 g KH

PASTINAKEN-HUMMUS MIT ROTER BETE

VEGAN

300 g Rote Bete
400 g Pastinaken
Salz
1 große Bio-Zitrone
2 TL Ahornsirup
4 EL Olivenöl
3 EL Tahin (Sesampaste)
1 TL gemahlener Kreuzkümmel
½ TL Chilipulver

GUT ZU WISSEN
Falls der Hummus zu fest wird, einfach etwas warmes Wasser unterrühren.

1 Die Rote Bete waschen und in einem Topf mit Wasser bedecken. Aufkochen und zugedeckt in 45–60 Min. gar, aber nicht zu weich kochen. Abgießen und abkühlen lassen. Inzwischen Pastinaken putzen, schälen und klein würfeln. In einen Topf geben, ca. 1 cm hoch Wasser dazugießen, salzen, zum Kochen bringen und zugedeckt in ca. 8 Min. weich garen. Danach die Pastinaken abgießen und abkühlen lassen. Die Rote Bete schälen und sehr klein würfeln (dabei am besten Einmalhandschuhe tragen, weil Rote Bete stark abfärbt).

2 Zitrone heiß waschen und trocken tupfen, Schale von einer Hälfte fein abreiben, Saft der ganzen Zitrone auspressen. Den Schalenabrieb und 1 EL Zitronensaft mit Ahornsirup verrühren. Nach und nach 2 EL Öl unterschlagen, sodass eine cremige Sauce entsteht. Rote Bete untermischen und abschmecken. Die Pastinaken mit dem übrigen Öl (2 EL), 3–4 EL Zitronensaft und Tahin fein pürieren. Mit Salz, Kreuzkümmel und Chilipulver abschmecken. Mit einem angefeuchteten Esslöffel Nocken vom Pastinaken-Hummus abstechen. Rote Bete dazu servieren.

Für 4 Personen • 40 Min. Zubereitung • 30 Min. Backen • Pro Portion ca. 290 kcal, 9 g E, 24 g F, 10 g KH

GEBACKENER KÜRBIS MIT NUSS-KRÄUTER-KRUSTE

AROMATISCH

1 Stück Muskat-Kürbis (ca. 800 g)
1 Zweig Rosmarin
4 Stängel Petersilie
3 Zweige Salbei
50 g Kürbiskerne
40 g Parmesan
½ Bio-Orange
6 EL Olivenöl
Salz, Pfeffer
100 g Feldsalat
1 EL Zitronensaft

GUT ZU WISSEN
Die Kürbisspalten schmecken auch solo als Beilage, z. B. zu Lammkoteletts, Frikadellen oder Getreidebratlingen.

1 Mithilfe eines Esslöffels die Kerne mitsamt dem weichen Fruchtfleisch aus dem Kürbis herausschaben. Den Kürbis in acht Spalten schneiden und schälen. Ein Backblech mit Backpapier auslegen, die Kürbisspalten nebeneinander darauflegen. Den Backofen auf 200° vorheizen.

2 Rosmarin und Petersilie waschen und trocken schütteln, die Nadeln und Blättchen von den Stielen zupfen. Salbeiblätter abzupfen, sauber reiben und alle Kräuter fein hacken. Die Kürbiskerne fein hacken, den Parmesan fein reiben. Die Orange heiß waschen und trocken tupfen. Die Schale fein abreiben und mit den Kräutern, den Kürbiskernen, Parmesan und 4 EL Öl verrühren, salzen und pfeffern. Die Kürbisspalten leicht salzen, die Kräutermischung darauf verteilen und die Spalten im heißen Ofen (Mitte) ca. 30 Min. backen, bis sie gar und gebräunt sind.

3 Inzwischen die Orange mit einem Messer so schälen, dass auch die weiße Haut mit entfernt wird. Die Orangenfilets zwischen den Trennhäuten herausschneiden, den austretenden Saft dabei auffangen. Feldsalat gründlich waschen und trocken schleudern. Zitronensaft mit Salz, Pfeffer und dem aufgefangenen Orangensaft verrühren. Das restliche Öl (2 EL) nach und nach mit einer Gabel unterschlagen, sodass ein cremiges Dressing entsteht. Den Feldsalat locker mit den Orangenfilets und dem Dressing mischen und auf vier Teller verteilen. Jeweils zwei Kürbisspalten dazu anrichten und gleich servieren.

Für 4 Personen • 25 Min. Zubereitung •
Pro Portion ca. 120 kcal, 3 g E, 7 g F, 10 g KH

ROTE-BETE-SALAT MIT KRESSE

PIKANT

500 g Rote Bete • 100 ml Gemüsebrühe • 1,5 cm Meerrettichwurzel • 3 EL Rotweinessig • 2 TL Preiselbeeren (aus dem Glas) • 50 g saure Sahne • Salz • 2 EL Sonnenblumenöl • 1 Kästchen Kresse

1 Rote Bete schälen und ca. 1 cm groß würfeln (dabei Einmalhandschuhe tragen, weil Rote Bete stark abfärbt). Brühe zum Kochen bringen und die Rote Bete darin zugedeckt bei mittlerer Hitze in ca. 15 Min. bissfest kochen. Dann abgießen und abtropfen lassen.

2 Inzwischen Meerrettich schälen und fein reiben. Mit Essig, Preiselbeeren, saurer Sahne und Salz verrühren, Öl nach und nach unterschlagen. Kresse waschen, trocken schütteln und vom Beet schneiden. Die Rote Bete mit dem Dressing vermischen und abschmecken. Den Rote-Bete-Salat mit Kresse bestreuen und lauwarm servieren.

Für 4 Personen • 25 Min. Zubereitung •
Pro Portion ca. 145 kcal, 2 g E, 9 g F, 15 g KH

PASTINAKEN MIT CHILI

SCHNELL

600 g Pastinaken • 1 rote Chilischote • ½ Bio-Orange • 2 EL Olivenöl • 1 EL Butter • Salz • ½ Bund Petersilie

1 Pastinaken putzen, schälen und in ca. 1 cm dicke Scheiben oder Würfel schneiden. Die Chilischote waschen, entstielen und in feine Ringe schneiden. Die Orange heiß waschen und trocken tupfen, die Schale fein abreiben.

2 Öl und Butter in einer Pfanne erhitzen, die Pastinaken darin mit Chili und Salz bei mittlerer Hitze unter häufigem Rühren ca. 10 Min. braten, bis sie weich, aber bissfest und gebräunt sind. Inzwischen Petersilie waschen, trocken schütteln, Blättchen abzupfen und fein hacken. Die Pastinaken mit Orangenschale und Petersilie mischen und gleich servieren. Dazu passt Knoblauchbrot.

*Für 4 Personen • 40 Min. Zubereitung •
Pro Portion ca. 105 kcal, 6 g E, 6 g F, 7 g KH*

GEBACKENER ROSENKOHL

EINFACH

600 g Rosenkohl • ½ Bio-Zitrone • 1 TL Fenchelsamen • 1 TL flüssiger Honig • Salz, Pfeffer • 2 EL Olivenöl

1 Den Backofen auf 180° vorheizen und ein Backblech mit Backpapier auslegen. Den Rosenkohl waschen, von den äußeren welken Blättern und den Stielansätzen befreien, die Röschen halbieren. Die Zitrone heiß waschen, trocken tupfen und die Schale fein abreiben. Die Fenchelsamen im Mörser leicht andrücken.

2 Den Rosenkohl gründlich mit dem Zitronenabrieb, den Fenchelsamen, dem Honig, Salz, Pfeffer und Öl mischen und auf dem Backblech verteilen. Im heißen Ofen (Mitte) ca. 25 Min. backen, bis der Rosenkohl gar, aber noch bissfest und leicht gebräunt ist, dabei einmal durchrühren. Dazu passt Ciabattabrot mit Oliven.

*Für 4 Personen • 30 Min. Zubereitung •
Pro Portion ca. 245 kcal, 4 g E, 21 g F, 9 g KH*

PETERSILIENWURZEL-PÜREE

GÜNSTIG

600 g Petersilienwurzeln • 250 ml Gemüsebrühe • 100 g Sahne • 60 g Butter • Salz, Pfeffer • 1 TL Garam Masala

1 Die Petersilienwurzeln putzen, schälen und ca. 2 cm groß würfeln. Die Brühe in einem Topf zum Kochen bringen und die Petersilienwurzeln darin zugedeckt bei mittlerer Hitze in ca. 15 Min. weich kochen. Die Sahne dazugießen und die Petersilienwurzeln mit einem Kartoffelstampfer möglichst fein zerdrücken. Die Hälfte der Butter in Flöckchen unterziehen und das Püree mit Salz und Pfeffer abschmecken.

2 Die restliche Butter in einem kleinen Topf zerlassen. Das Garam Masala und etwas Salz untermischen. Das Petersilienwurzel-Püree auf Teller verteilen und mit der Masala-Butter beträufeln. Dazu passen Papadams (dünne Fladen aus Linsenmehl) oder Grissini.

ONE POT

Für 4 Personen • 40 Min. Zubereitung • Pro Portion ca. 335 kcal, 5 g E, 29 g F, 11 g KH

CHICORÉE-CREMESUPPE MIT FELDSALAT-PESTO

VITAMINREICH

FÜR DAS PESTO
80 g Feldsalat
½ Bio-Zitrone
40 g Sonnenblumenkerne
50 ml Sonnenblumenöl
Salz, Pfeffer

FÜR DIE SUPPE
500 g Chicorée
200 g Pastinaken
1 Zwiebel
1 EL Butter
900 ml Gemüsebrühe
100 g Sahne
Salz, Pfeffer

PESTO: Den Feldsalat von den welken Blättern und Wurzelenden befreien, gründlich waschen und gut trocken schleudern. Den Salat grob hacken. Die Zitrone heiß waschen und trocken tupfen, die Schale fein abreiben. Den Saft auspressen und für die Suppe beiseitestellen. Sonnenblumenkerne in einer Pfanne ohne Fett bei mittlerer Hitze unter Rühren anrösten. Mit dem Feldsalat, dem Öl und der Zitronenschale fein pürieren. Das Pesto mit Salz und Pfeffer abschmecken.

SUPPE: Chicorée putzen, waschen und in Streifen schneiden. Die Pastinaken putzen, schälen und klein würfeln. Die Zwiebel schälen und fein hacken. Die Butter in einem Suppentopf schmelzen. Die Zwiebel mit den Pastinaken und dem Chicorée darin unter gelegentlichem Rühren andünsten. Brühe angießen und zum Kochen bringen. Die Suppe bei mittlerer Hitze ca. 10 Min. zugedeckt garen, bis das Gemüse weich ist, danach alles fein pürieren. Die Sahne unterschlagen und die Suppe mit Salz, Pfeffer und 2 TL Zitronensaft abschmecken.

FERTIGSTELLEN: 2 EL Pesto mit wenig warmem Wasser cremig rühren. Die Suppe auf Suppenteller verteilen. Das Pesto daraufgeben, mit einem Esslöffel dekorativ auf der Suppe verteilen. Übriges Pesto in einem Schälchen dazu servieren.

GU
CLOU

Pesto rundet die Chicoree-Cremesuppe perfekt ab. Und auch in der kalten Jahreszeit lässt es sich ganz einfach frisch zubereiten. Mit Wintergemüse wie Feldsalat oder Portulak schmeckt es besonders aromatisch, mit einer feinen nussigen Note.

Für 4 Personen • 45 Min. Zubereitung • Pro Portion ca. 225 kcal, 5 g E, 16 g F, 13 g KH

KÜRBISSUPPE MIT CHILI-SPINAT

SCHARF

1 Stück Muskat-Kürbis (ca. 1 kg)
1 Zwiebel
2 Knoblauchzehen
1 Stück Ingwer (ca. 3 cm lang)
3 EL Olivenöl
800 ml Gemüsebrühe
250 g Wurzelspinat
1 kleine rote Chilischote
100 g Sahne
Salz, Pfeffer
1 EL Zitronensaft

1 Mithilfe eines Esslöffels Kerne und weiches Fruchtfleisch aus dem Kürbis herausschaben. Den Kürbis in Spalten schneiden, schälen und klein würfeln. Zwiebel, Knoblauch und Ingwer schälen und fein hacken, alles in einem Suppentopf in 1 EL Öl andünsten. Kürbis kurz mitdünsten. Brühe angießen und zum Kochen bringen. Kürbis bei mittlerer Hitze in ca. 15 Min. zugedeckt weich garen.

2 Inzwischen den Spinat gründlich verlesen, putzen, von den dicken Wurzeln befreien, waschen und abtropfen lassen, dann grob hacken. Chilischote waschen, halbieren, von Stiel und Trennwänden befreien und fein hacken. Sahne zum Kürbis gießen und alles fein pürieren. Mit Salz, Pfeffer und Zitronensaft abschmecken. Restliches Öl (2 EL) in einer großen Pfanne erhitzen. Spinat und Chili darin bei starker Hitze unter Rühren braten, bis der Spinat zusammenfällt, dann salzen. Die Kürbissuppe auf vier Schüsseln verteilen, jeweils mit dem Chili-Spinat garnieren und servieren.

Für 4 Personen • 30 Min. Zubereitung • Pro Portion ca. 225 kcal, 6 g E, 17 g F, 9 g KH

WIRSINGCREMESUPPE

GÜNSTIG

500 g Wirsing
1 Kartoffel (ca. 130 g)
1 Zwiebel
1 kleine rote Chilischote
1 EL Butter
1 l Gemüsebrühe
1 Bio-Orange
½ Bund Petersilie
40 g Walnusskerne
Salz, Pfeffer
100 g Crème fraîche

1 Wirsing von den äußeren Blättern befreien, waschen, vierteln, vom Strunk befreien und in grobe Stücke schneiden. Kartoffel und Zwiebel schälen und klein würfeln. Chilischote waschen, halbieren, von Stiel und Trennwänden befreien und fein hacken. In einem Topf mit Butter und Zwiebel andünsten. Kartoffel und Wirsing kurz mitdünsten. Brühe angießen, zum Kochen bringen. Die Suppe bei mittlerer Hitze 15–20 Min. zugedeckt garen, bis der Wirsing weich ist.

2 Inzwischen für die Gremolata die Orange heiß waschen, trocken tupfen, Schale hauchdünn abschneiden und sehr fein hacken. Die Petersilie waschen, trocken schütteln, Blättchen abzupfen und mit den Walnüssen fein hacken. Orangenschale untermischen und die Gremolata leicht salzen und pfeffern. Crème fraîche unter die Suppe rühren und alles fein pürieren. Salzen, pfeffern und auf Suppenteller verteilen. Mit etwas Gremolata bestreuen, den Rest dazu servieren.

Für 4 Personen • 35 Min. Zubereitung • Pro Portion ca. 305 kcal, 19 g E, 1 g F, 53 g KH

HÜHNERSUPPE MIT PILZEN, SPINAT UND ZUCKERHUT

ASIATISCH

30 g getrocknete Herbsttrompeten (ersatzweise Mu-Err-Pilze)
200 g Hähnchenbrustfilet
4 EL Sojasauce
1 TL Sambal Oelek
Salz
200 g breite Reisnudeln
250 g Wurzelspinat
200 g Zuckerhut
1 Stück frischer Ingwer (ca. 4 cm lang)
1 l Hühnerbrühe
4 Stängel Koriandergrün

1 Die Pilze in einem Schälchen mit heißem Wasser übergießen und ca. 15 Min. darin einweichen, dann abgießen und abtropfen lassen. Inzwischen das Hähnchenfleisch in feine Scheiben schneiden und mit 2 EL Sojasauce und Sambal Oelek mischen. Salzwasser zum Kochen bringen und die Reisnudeln darin nach Packungsanweisung bissfest kochen, dann abgießen, kalt abschrecken und abtropfen lassen.

2 Spinat verlesen, putzen, von den dicken Wurzeln befreien, gründlich waschen und trocken schleudern. Zuckerhut putzen, waschen, trocken schleudern und in Streifen schneiden. Ingwer schälen und erst in dünne Scheiben, dann in sehr feine Streifen schneiden. Pilze ebenfalls in feine Streifen schneiden.

3 Die Brühe in einem Topf mit dem Ingwer und den Pilzen zum Kochen bringen und offen ca. 5 Min. sanft köcheln. Dann den Zuckerhut mit dem Spinat und dem Hähnchen dazugeben und alles ca. 1 Min. kochen, bis das Fleisch gar und der Spinat zusammengefallen ist. Die Reisnudeln untermischen und heiß werden lassen. Das Koriandergrün waschen, trocken schütteln, die Blättchen abzupfen und fein hacken. Die Suppe mit der übrigen Sojasauce (2 EL) und Salz abschmecken, mit dem Koriandergrün bestreuen und servieren.

Für 4 Personen • 45 Min. Zubereitung • Pro Portion ca. 530 kcal, 13 g E, 19 g F, 74 g KH

ROTE-BETE-RISOTTO MIT CHILI-ÄPFELN

AROMATISCH

FÜR DEN RISOTTO

400 g Rote Bete
1 Zwiebel
1 l Gemüsebrühe
2 EL Butter
300 g Risotto-Reis
Salz, Pfeffer
150 g Ziegenfrischkäse

FÜR DIE CHILI-ÄPFEL

1 großer säuerlicher Apfel
1 EL Zitronensaft
1 EL Butter
1 TL brauner Zucker
1 TL Chilipulver

TAUSCH-TIPP
Anstelle von Roter Bete passen auch Wirsing, Steckrüben, Radicchio – oder Chicorée, den man mit geriebenem Parmesan statt mit Apfelspalten garniert.

RISOTTO: Rote Bete schälen und sehr klein würfeln (dabei am besten Einmalhandschuhe tragen, da Rote Bete stark abfärbt). Die Zwiebel schälen und fein hacken. Gemüsebrühe in einem kleinen Topf erhitzen und zugedeckt warm halten.
1 EL Butter in einem Topf erhitzen, Zwiebel und Rote Bete darin andünsten. Reis zugeben und kurz anschwitzen. Schöpflöffelweise nach und nach etwas Brühe zum Reis geben und den Risotto offen bei mittlerer Hitze in ca. 20 Min. bissfest garen. Dabei häufig durchrühren und immer wieder Brühe zugießen, sodass der Reis immer knapp davon bedeckt ist.

CHILI-ÄPFEL: Kurz vor Garzeitende den Apfel schälen und vierteln, vom Kerngehäuse befreien, in Spalten schneiden und mit dem Zitronensaft mischen. Die Butter in einer Pfanne mit dem Zucker und dem Chilipulver schmelzen. Die Apfelspalten hineinlegen und bei starker bis mittlerer Hitze leicht braun braten. Wenden und kurz weiterbraten.

FERTIGSTELLEN: Die restliche Butter (1 EL) klein würfeln und unter den Risotto heben, mit Salz und Pfeffer abschmecken. Risotto auf vier Teller verteilen. Mit einem Teelöffel kleine Nocken vom Ziegenfrischkäse abnehmen und auf den Risotto setzen. Mit den Chili-Äpfeln garnieren.

Für 4 Personen • 40 Min. Zubereitung • Pro Portion ca. 410 kcal, 20 g E, 29 g F, 16 g KH

LAMMTOPF MIT STECKRÜBEN

LOW CARB

2 Orangen
1 Döschen Safranfäden (0,1 g)
2 Zwiebeln
2 Knoblauchzehen
400 g Lammkeule ohne Knochen
600 g Steckrüben
4 EL Olivenöl
1 TL gemahlener Koriander
½ TL Chiliflocken
Salz
½ Bund Minze

1 Die Orangen auspressen, die Safranfäden leicht zerreiben und mit 2 EL Orangensaft verrühren. Die Zwiebeln schälen, vierteln und in feine Streifen schneiden. Den Knoblauch schälen und fein hacken. Die Lammkeule trocken tupfen und ca. 1 cm groß würfeln. Die Steckrüben putzen, schälen und ebenfalls ca. 1 cm groß würfeln.

2 2 EL Öl in einem großen Topf erhitzen, das Lammfleisch rundum darin anbraten, dann herausnehmen. Übriges Öl (2 EL) in den Topf gießen und die Steckrüben darin anbraten. Zwiebeln und Knoblauch kurz mitdünsten. Koriander und Chiliflocken einrühren, restlichen Orangensaft und 150 ml Wasser dazugießen. Lammfleisch hinzufügen, alles salzen und zugedeckt bei mittlerer Hitze ca. 25 Min. garen, bis die Steckrüben weich, aber noch bissfest sind. Minze waschen, trocken schütteln, Blättchen abzupfen und in Streifen schneiden. Safran samt Orangensaft unter den Lammtopf mischen, alles abschmecken und mit der Minze bestreut servieren. Dazu passt Couscous.

Für 4 Personen • 25 Min. Zubereitung • Pro Portion ca. 485 kcal, 24 g E, 32 g F, 24 g KH

KICHERERBSEN-RADICCHIO-TOPF

PIKANT

2 Zwiebeln
2 Knoblauchzehen
300 g Radicchio
300 g Chorizo (scharfe spanische Paprikawurst)
2 Dosen Kichererbsen (je 240 g Abtropfgewicht)
2 EL Olivenöl
1 TL rosenscharfes Paprikapulver
1 TL brauner Zucker
500 g gehackte Tomaten (Tetrapak)
2 TL Tomatenmark
Salz
½ Bund Petersilie

1 Die Zwiebeln und den Knoblauch schälen, beides fein hacken. Radicchio putzen, waschen, trocken schleudern und in breite Streifen schneiden. Chorizo klein würfeln. Die Kichererbsen abgießen, gründlich abbrausen und abtropfen lassen. Das Öl in einem Topf erhitzen, Zwiebeln und Knoblauch darin andünsten. Radicchio unter Rühren mitbraten, bis er zusammenfällt und leicht gebräunt ist. Paprikapulver und Zucker darüberstreuen und kurz mit anschwitzen.

2 Tomaten, Tomatenmark und 125 ml Wasser unterrühren, salzen und alles ca. 5 Min. offen einköcheln lassen. Chorizo und die Kichererbsen untermengen und ca. 5 Min. weiterköcheln lassen. Petersilie waschen, trocken schütteln, Blättchen abzupfen, fein hacken und unter den Kichererbsen-Radicchio-Topf mischen, zuletzt abschmecken. Dazu schmecken etwas Olivenöl zum Beträufeln und Weißbrot.

MIT FLEISCH UND FISCH

Für 4 Personen • 30 Min. Zubereitung • 20 Min. Backen • Pro Portion ca. 665 kcal, 36 g E, 54 g F, 7 g KH

SCHWARZWURZELGRATIN MIT HACKBÄLLCHEN

GUT VORZUBEREITEN

2 EL Zitronensaft
600 g Schwarzwurzeln
Salz
1 Scheibe Weißbrot vom Vortag (ca. 30 g)
2 EL Walnusskerne
¼ Bund Petersilie
400 g gemischtes Hackfleisch
1 Ei
Pfeffer
2 EL Butter
150 g Bergkäse
150 g Crème fraîche

1 Zitronensaft mit 500 ml Wasser mischen. Schwarzwurzeln unter fließendem Wasser mit einem Sparschäler schälen, dabei wegen des klebrigen Wurzelsafts am besten Einmalhandschuhe tragen. Die Wurzelenden abschneiden, Schwarzwurzeln in ca. 2 cm lange Stücke schneiden und gleich in das Zitronenwasser legen. Salzwasser in einem Topf zum Kochen bringen und die Schwarzwurzeln darin bei starker Hitze ca. 15 Min. garen. Dann abgießen, kalt abschrecken und abtropfen lassen.

2 Inzwischen das Weißbrot mit lauwarmem Wasser übergießen und weich werden lassen. Walnusskerne mittelfein hacken. Petersilie waschen, trocken schütteln, Blättchen abzupfen und fein hacken. Das Brot ausdrücken und zerpflücken. Mit Walnüssen, Petersilie, Hackfleisch und Ei in eine Schüssel geben, mit Salz und Pfeffer würzen. Alles gründlich zu einem gebundenen Teig verkneten und walnussgroße Bällchen daraus formen.

3 Backofen auf 220° vorheizen. Eine ofenfeste Form leicht buttern, die übrige Butter beiseitestellen. Käse fein reiben. Schwarzwurzeln mit Crème fraîche und der Hälfte des Käses verrühren, salzen und pfeffern. Dann in die Form geben und die Hackbällchen dazwischen verteilen. Restlichen Käse darüberstreuen, übrige Butter in kleinen Flöckchen daraufgeben. Das Schwarzwurzelgratin im heißen Ofen (Mitte) ca. 20 Min. backen, bis es schön gebräunt ist. Kurz bei Raumtemperatur stehen lassen, dann servieren. Dazu passt Kartoffelbrei.

SAUERKRAUT-FLECKERL MIT SPECK

AUS ÖSTERREICH

Für 4 Personen • 40 Min. Zubereitung • 1 Std. Garen • Pro Portion ca. 540 kcal, 22 g E, 19 g F, 68 g KH

FÜR DAS SAUERKRAUT

1 Zwiebel
1 EL Sonnenblumenöl
1 TL Kümmel
3 TL brauner Zucker
500 g Sauerkraut
Salz

FÜR DIE FLECKERL

300 g Mehl
Salz
3 Eier (L)
2 EL Sonnenblumenöl
100 g durchwachsener Räucherspeck (in dünnen Scheiben)
100 g saure Sahne
1 TL rosenscharfes Paprikapulver

AUSSERDEM

Mehl für die Arbeitsfläche

TIPP

Schneller geht's, wenn Sie fertige breite Bandnudeln verwenden und diese entweder roh in Stücke brechen oder gekocht in viereckige Stücke schneiden.

SAUERKRAUT: Die Zwiebel schälen und fein hacken. Das Öl in einem Topf erhitzen. Zwiebel, Kümmel und Zucker darin andünsten. Sauerkraut zugeben und mit zwei Gabeln zerpflücken (Bild 1). Mit 125 ml Wasser aufgießen, salzen und zugedeckt bei schwacher Hitze in 50–60 Min. weich garen. Dabei ab und zu umrühren und bei Bedarf etwas Wasser zugießen.

FLECKERL: Inzwischen für den Nudelteig das Mehl mit 1 TL Salz mischen. Die Eier und 1 EL Öl dazugeben und alles zu einem geschmeidigen Teig verkneten. Zu einer Kugel formen, in ein Küchentuch wickeln und ca. 30 Min. bei Raumtemperatur ruhen lassen (Bild 2). Danach den Teig nochmals durchkneten und auf einer leicht bemehlten Arbeitsfläche so dünn wie möglich ausrollen (Bild 3). Teig mit einem Messer oder einem Teigrädchen in Vierecke bzw. Rauten (»Fleckerl«) schneiden (Bild 4). In einem Topf reichlich Salzwasser zum Kochen bringen. Die Fleckerl darin in ca. 3 Min. al dente kochen, dann abgießen und sehr gut abtropfen lassen. Inzwischen den Speck in feine Streifen schneiden und das restliche Öl (1 EL) in einer Pfanne erhitzen. Den Speck darin bei mittlerer Hitze unter Rühren glasig und leicht braun werden lassen, dann die Fleckerl gut unterrühren (Bild 5).

FERTIGSTELLEN: Das Sauerkraut abschmecken und locker mit den Fleckerln in der Pfanne vermischen. Alles auf Teller verteilen und mit je einem Klecks saurer Sahne und Paprikapulver garnieren (Bild 6). Heiß servieren.

Für 4 Personen • 35 Min. Zubereitung • Pro Portion ca. 275 kcal, 31 g E, 13 g F, 8 g KH

GRÜNKOHL-WOK

ASIATISCH

1 Stück Ingwer (ca. 2 cm lang)
1 Bio-Limette
2 TL flüssiger Honig
½ TL Chiliflocken
3 EL Fischsauce
500 g Schweinefilet
500 g Grünkohl
2 Frühlingszwiebeln
4 EL Sonnenblumenöl
Salz
200 ml Gemüsebrühe

1 Ingwer schälen und sehr fein hacken. Limette heiß waschen und trocken tupfen, Schale fein abreiben und Saft auspressen. Die Hälfte des Limettensafts mit dem Schalenabrieb, Ingwer, Honig, den Chiliflocken und 2 EL Fischsauce verrühren. Das Schweinefilet in feine Streifen schneiden und mit der Marinade vermischen. Den Grünkohl waschen und putzen, die Blätter von den Mittelrippen streifen und mundgerecht zerkleinern. Frühlingszwiebeln putzen, waschen und mitsamt Grün in feine Ringe schneiden.

2 1 EL Öl in einem Wok erhitzen, Schweinefleisch darin ca. 1 Min. bei starker Hitze braten, dann herausnehmen. Den Grünkohl und die Frühlingszwiebeln mit dem restlichen Öl (3 EL) in den Wok geben, salzen und unter Rühren bei mittlerer Hitze ca. 5 Min. braten. Brühe angießen und Grünkohl kurz weitergaren, bis er bissfest ist. Fleisch untermengen und alles erhitzen. Mit Salz, übrigem Limettensaft und restlicher Fischsauce abschmecken. Dazu schmeckt Reis.

Für 4 Personen • 45 Min. Zubereitung • Pro Portion ca. 325 kcal, 28 g E, 19 g F, 9 g KH

WINTERGEMÜSE-GRÖSTL

EINFACH

1 Knolle Sellerie (ca. 300 g)
250 g Möhren
200 g Petersilienwurzeln
250 g Wirsing
1 große Zwiebel
2 EL Butter
2 EL Öl
400 g Roastbeef-Aufschnitt (in dünnen Scheiben)
Salz, Pfeffer
100 g saure Sahne
2 TL scharfer Senf

1 Den Sellerie, die Möhren und die Petersilienwurzeln schälen und in dünne Scheiben schneiden, größere Scheiben mundgerecht zerkleinern. Den Wirsing von den äußeren Blättern befreien, waschen und vierteln. Strunk entfernen und Wirsing in dünne Streifen schneiden. Zwiebel schälen, vierteln und in feine Streifen schneiden.

2 Butter und Öl in einer Pfanne erhitzen. Sellerie, Möhren, Petersilienwurzeln und Wirsing dazugeben, bei mittlerer Hitze unter Rühren ca. 5 Min. braten. Die Zwiebel untermischen und alles weitere 5 Min. braten, bis das Gemüse bissfest und leicht gebräunt ist. Das Roastbeef in breite Streifen schneiden, untermischen und erhitzen. Alles mit Salz und Pfeffer abschmecken. Die saure Sahne mit dem Senf verrühren und unter das Wintergemüse-Gröstl mengen. Dazu schmecken knusprige Brezeln oder Bratkartoffeln.

Für 4 Personen • 35 Min. Zubereitung • 1 Std. 15 Min. Garen • Pro Portion ca. 515 kcal, 35 g E, 23 g F, 37 g KH

ENTENBRUST MIT INGWER-PFLAUMEN-ROTKOHL

FÜR GÄSTE

1 kleiner Rotkohl (ca. 750 g)
1 Zwiebel
1 Stück Ingwer (ca. 3 cm lang)
6 Trockenpflaumen (ungeschwefelt)
1 EL Butter
2 TL brauner Zucker
400 ml Granatapfelnektar
Salz, Pfeffer
2 Entenbrustfilets (je ca. 350 g)
½ EL Sonnenblumenöl
2 EL Aceto balsamico

GU **CLOU**

Außen knusprig und innen schön saftig: So soll eine Entenbrust sein. Der Trick für den richtigen Biss ist die gekonnte Kombi aus Pfanne und Grill: Durch die feuchtwarme Hitze unter dem Pfannendeckel werden die Filets zart und saftig. Dann geht's noch kurz unter den Backofengrill – der sorgt für den Knusperkick!

1 Vom Rotkohl die äußeren Blätter entfernen. Kohl waschen, vierteln, vom Strunk befreien und in feine Streifen schneiden. Die Zwiebel und den Ingwer schälen und beides fein hacken. Die Trockenpflaumen klein würfeln. Die Butter mit dem Zucker in einem Topf schmelzen, Zwiebel und Ingwer darin andünsten. Den Rotkohl zugeben und kurz mitdünsten. 200 ml Granatapfelnektar dazugießen, die Pflaumen untermischen und alles salzen und pfeffern. Den Rotkohl zugedeckt bei schwacher Hitze in ca. 60 Min. weich schmoren, dabei gelegentlich durchrühren.

2 Die weiße Fettschicht der Entenbrustfilets rautenförmig einschneiden, ohne das Fleisch dabei zu verletzen. Die Filets salzen und pfeffern. Eine Pfanne auf dem Herd erhitzen. Das Öl hineingießen und die Filets mit der Hautseite nach unten bei mittlerer Hitze in ca. 8 Min. goldbraun braten. Dann wenden und zugedeckt ca. 6 Min. weiterbraten.

3 Inzwischen den Backofengrill auf 250° vorheizen. Die Entenbrustfilets mit der Hautseite nach oben in eine ofenfeste Form legen und 1–2 Min. im heißen Ofen (oben) grillen, bis die Haut knusprig ist. Das Fett aus der Pfanne bis auf einen dünnen Film ausgießen. Den restlichen Granatapfelnektar einrühren und bei starker Hitze etwas einkochen lassen. Rotkohl mit Balsamico, Salz und Pfeffer abschmecken. Die Entenbrustfilets in Scheiben schneiden und mit dem Rotkohl und der Granatapfelsauce auf Tellern anrichten. Dazu passen Butterspätzle.

Für 4 Personen • 25 Min. Zubereitung • Pro Portion ca. 410 kcal, 40 g E, 23 g F, 11 g KH

FISCHFILET MIT ZUCKERHUTSALAT

SCHNELL

1 kleiner Zuckerhut (ca. 300 g)
1 kleiner Granatapfel
2 TL Tahin (Sesampaste)
1 ½ EL Zitronensaft
Salz, Pfeffer
5 EL Olivenöl
4 Saiblingsfilets (ohne Haut, jeweils ca. 180 g, ersatzweise Forellenfilets)
2 TL gemahlener Koriander
½ TL Chilipulver
1 EL Butter
2 Stängel Koriandergrün

TAUSCH-TIPP
Statt Zuckerhut passen auch andere leicht bittere Salate wie Chicorée oder Endivie.

1 Den Zuckerhut putzen, waschen, trocken schleudern und in Streifen schneiden. Granatapfel halbieren, in Stücke brechen und die roten Kerne zwischen den Trennhäuten herauslösen, dabei den austretenden Saft auffangen. Den Granatapfelsaft mit Tahin, Zitronensaft, Salz und Pfeffer verrühren. Nach und nach 4 EL Öl unterschlagen.

2 Die Fischfilets trocken tupfen. Koriander und Chilipulver vermischen, den Fisch auf beiden Seiten mit der Gewürzmischung bestreuen und salzen. Butter mit dem restlichen Öl (1 EL) in einer großen Pfanne zerlassen. Die Fischfilets darin bei mittlerer Hitze ca. 1 Min. 30 Sek. braten, dann wenden und nochmals so lange braten. Inzwischen Koriandergrün waschen und trocken schütteln, Blättchen abzupfen und fein hacken. Zuckerhut mit Granatapfelkernen, Koriandergrün und dem Dressing locker vermischen und zu den Fischfilets servieren. Dazu passt Reis.

VEGETARISCHES

Für 4 Personen • 50 Min. Zubereitung • 45 Min. Backen • Pro Portion ca. 625 kcal, 19 g E, 49 g F, 27 g KH

ROSENKOHL-MANDEL-STRUDEL

GUT VORZUBEREITEN

800 g Rosenkohl
1 Stange Lauch
Salz
70 g Butter
100 g Mandelstifte
1 TL rosenscharfes Paprikapulver
½ Bund Petersilie
4 Stängel Thymian
½ Bio-Zitrone
Pfeffer
8 viereckige Blätter Yufkateig (Kühlregal; ca. 200 g)
250 g saure Sahne

TIPP
Weil Yufkateig sehr dünn ist, kann man gut zwei Teigblätter und mehr übereinanderschichten. Dabei auf jedes Teigblatt etwas flüssige Butter streichen, damit die Teigschicht beim Backen schön locker wird.

1 Rosenkohl waschen, von welken Blättern und Stielansätzen befreien und längs in ca. 0,5 cm dicke Scheiben schneiden. Den Lauch putzen, längs halbieren, waschen und in Streifen schneiden. Den Rosenkohl mit dem Lauch in kochendem Salzwasser ca. 1 Min. blanchieren. Abgießen, kalt abschrecken und abtropfen lassen. 1 EL Butter in einer Pfanne erhitzen und die Mandelstifte darin goldbraun rösten. Mit Paprikapulver und Salz abschmecken. Petersilie und Thymian waschen, trocken schütteln, Blättchen abzupfen und fein hacken. Die Zitrone heiß waschen, trocken tupfen und die Schale fein abreiben.

2 Rosenkohl, Lauch, Mandelstifte, Petersilie, Thymian und den Zitronenabrieb mischen, salzen und pfeffern. Den Backofen auf 180° vorheizen und ein Blech mit Backpapier auslegen. Die restliche Butter schmelzen. Vier Teigblätter vorsichtig voneinander lösen und auf feuchte Geschirrtücher legen. Die Blätter oben dünn mit Butter bepinseln, jeweils ein zweites Blatt darauflegen und dieses auch mit Butter bepinseln. Jeweils ein Viertel der Rosenkohlmischung auf den oberen Teigblättern verteilen, dabei rundherum einen ca. 1 cm breiten Rand frei lassen. Die saure Sahne in Klecksen daraufsetzen. Die Teigränder einklappen und die Teigblätter mithilfe des Geschirrtuchs von der Längsseite her aufrollen, sodass vier Strudel entstehen.

3 Die Strudel nebeneinander auf das Backblech legen und mit der restlichen Butter bepinseln. Im heißen Ofen (Mitte) in 40–45 Min. goldbraun backen und servieren.

Für 4 Personen • 30 Min. Zubereitung • 20 Min. Backen • Pro Portion ca. 550 kcal, 29 g E, 40 g F, 17 g KH

RADICCHIO-RÖLLCHEN

AUS ITALIEN

3 Scheiben Weißbrot vom Vortag (ca. 90 g)
16 große Blätter Radicchio (ca. 400 g)
Salz
1 Bund Petersilie
6 getrocknete Tomaten (in Öl)
1 Knoblauchzehe
100 g Parmesan
400 g Ricotta
2 Eier
1 Eigelb
Pfeffer
4 EL Pinienkerne
2 EL Butter

1 Brot mit Wasser übergießen und ca. 10 Min. darin einweichen. Die Radicchio-Blätter waschen und in siedendem Salzwasser aufkochen, bis sie biegsam sind. Dann abgießen, kalt abschrecken und abtropfen lassen. Petersilie waschen, trocken schütteln, Blättchen abzupfen und fein hacken. Tomaten abtropfen lassen und klein würfeln, Knoblauch schälen und durchpressen, Parmesan fein reiben. Brot gut ausdrücken und zerpflücken. Mit Petersilie, Tomaten, Knoblauch, 80 g Parmesan, Ricotta, Eiern und Eigelb mischen, salzen und pfeffern.

2 Den Backofen auf 220° vorheizen. Radicchio-Blätter ausbreiten und jeweils ca. 3 TL Ricottafüllung in die Blattmitte setzen. Die Blattränder einschlagen und die Blätter aufrollen. Die Röllchen in eine ofenfeste Form legen. Die Pinienkerne mit dem restlichen Parmesan darauf verteilen, die Butter in Flöckchen daraufsetzen. Die Radicchio-Röllchen im heißen Backofen (Mitte) ca. 20 Min. backen, bis sie gebräunt sind. Kurz stehen lassen und servieren.

Für 4 Personen • 35 Min. Zubereitung • 40 Min. Backen • Pro Portion ca. 790 kcal, 28 g E, 60 g F, 38 g KH

KÜRBIS-WALNUSS-GRATIN

GÜNSTIG

1 kleiner Hokkaido-Kürbis (ca. 800 g)
1 kleine Knolle Sellerie (ca. 650 g)
125 g Walnusskerne
½ Bio-Zitrone
2 säuerliche Äpfel (ca. 300 g)
250 g würziger Bergkäse
2 EL Butter
Salz, Pfeffer
frisch geriebene Muskatnuss
175 g Sahne

1 Den Kürbis waschen und vierteln, die Kerne mitsamt dem weichen Fruchtfleisch herausschaben. Kürbis mit Schale in dünne Scheiben schneiden. Sellerie putzen, vierteln, schälen und ebenfalls in dünne Scheiben schneiden. Walnüsse klein hacken. Zitrone heiß waschen und trocken tupfen, Schale fein abreiben und Saft auspressen. Äpfel schälen, vierteln, vom Kerngehäuse befreien, grob raspeln und gleich mit dem Zitronensaft mischen. Käse grob raspeln.

2 Backofen auf 180° vorheizen, eine ofenfeste Form leicht buttern. Kürbis und Sellerie lagenweise in die Form schichten, dabei jeweils mit Salz, Pfeffer und Muskat würzen. Die Sahne seitlich dazugießen. Die Walnüsse mit den Apfelraspeln und dem Käse mischen, mit dem Zitronenabrieb, Salz und Pfeffer würzen und auf dem Gemüse verteilen. Die übrige Butter in Flöckchen daraufgeben. Das Gratin im heißen Ofen (Mitte) in ca. 40 Min. goldbraun backen. Dann kurz stehen lassen und servieren. Dazu passen Kartoffeln.

Für 4 Personen • 40 Min. Zubereitung • Pro Portion ca. 370 kcal, 8 g E, 24 g F, 29 g KH

PASTINAKEN-NUDELN MIT SPINAT

VITAMINREICH

500 g Wurzelspinat
3 Schalotten
2 Knoblauchzehen
1 EL Walnusskerne
½ Bio-Zitrone
1 kg Pastinaken
Salz
2 EL Butter
200 g Crème fraîche
Pfeffer

1 Spinat waschen und abtropfen lassen, von groben Stielen befreien und grob hacken. Schalotten und Knoblauch schälen, beides fein hacken. Die Walnüsse in kleinere Stücke brechen. Zitrone heiß waschen und trocken tupfen, die Schale hauchdünn abschneiden und in sehr feine Streifen schneiden, den Saft auspressen. Die Pastinaken putzen, schälen und mit einem Spiralschneider oder Sparschäler schmale »Nudeln« abschälen, die Reste mit einem Messer in dünne Streifen schneiden. Salzwasser in einem großen Topf aufkochen, Pastinaken-Nudeln darin in ca. 2 Min bissfest garen. Abtropfen lassen.

2 Inzwischen die Butter in einem Topf erhitzen, die Schalotten und den Knoblauch darin andünsten. Den Spinat zugeben und bei starker Hitze garen, bis er zusammenfällt und die Flüssigkeit größtenteils verdampft ist. Crème fraîche untermengen und alles mit Salz, Pfeffer, Zitronenschale und 1 EL Zitronensaft abschmecken. Die Pastinaken-Nudeln auf tiefe Teller verteilen und den Spinat darauf verteilen. Mit Walnüssen bestreuen und gleich servieren. Dazu passt knuspriges Baguette.

Für 4 Personen • 45 Min. Zubereitung • Pro Portion ca. 465 kcal, 27 g E, 29 g F, 24 g KH

GRÜNKOHL-QUARK-KLÖSSCHEN

LEICHT GEMACHT

500 g Grünkohl
Salz
½ Bund Petersilie
100 g würziger Bergkäse
250 g Magerquark
2 Eier
100 g Mehl
Pfeffer
80 g Butter
1 TL rosenscharfes Paprikapulver
1 TL edelsüßes Paprikapulver

1 Den Grünkohl waschen und putzen. Blätter von den dicken Mittelrippen streifen oder schneiden und in Salzwasser bei starker Hitze ca. 10 Min. offen sprudelnd kochen. Abgießen, kalt abschrecken und abtropfen lassen, mit den Händen gut ausdrücken und fein hacken. Inzwischen Petersilie waschen und trocken schütteln, die Blättchen abzupfen und fein hacken, den Käse fein reiben. Den Quark gründlich mit Grünkohl, Petersilie, Käse, Eiern und Mehl verrühren. Die Quarkmasse leicht salzen und pfeffern.

2 In einem großen Topf reichlich Salzwasser zum Kochen bringen. Mithilfe von zwei Teelöffeln von der Quarkmasse etwa walnussgroße Klößchen abstechen und in das siedende Wasser gleiten lassen. In ca. 10 Min. gar ziehen lassen. Butter schmelzen, mit beiden Paprikagewürzen und Salz abschmecken. Klößchen mit einem Schaumlöffel aus dem Wasser heben und abtropfen lassen. Auf Tellern mit der Paprikabutter beträufeln und heiß servieren. Dazu passt Feldsalat.

Für 4 Personen • 25 Min. Zubereitung • 35 Min. Garen • Pro Portion ca. 485 kcal, 19 g E, 23 g F, 51 g KH

STECKRÜBEN-NOCKEN

GÜNSTIG

700 g Steckrüben
Salz
1 Ei
220 g Mehl
frisch geriebene Muskatnuss
100 g Parmesan
175 g Sahne
1 TL Zitronensaft
Pfeffer
½ Kästchen Kresse

1 Steckrüben putzen, schälen und 3–4 cm groß würfeln. In einem Topf ca. 5 cm hoch Salzwasser zum Kochen bringen. Die Steckrüben darin zugedeckt bei mittlerer Hitze in ca. 35 Min. weich garen. Abgießen, lauwarm abkühlen lassen und fein pürieren. Ei und Mehl zugeben, mit Salz und Muskat würzen und alles gründlich vermengen.

2 Reichlich Salzwasser in einem Topf zum Kochen bringen. Mithilfe von zwei Teelöffeln Nocken von der Steckrübenmischung abstechen und in das siedende Wasser gleiten lassen. Die Steckrüben-Nocken in ca. 15 Min. gar ziehen lassen. Inzwischen für die Käsesauce den Parmesan fein reiben, mit Sahne und Zitronensaft in einem Topf bei schwacher Hitze langsam schmelzen lassen. Mit Salz und Pfeffer abschmecken. Die Kresse waschen, trocken schütteln und vom Beet schneiden. Die Steckrüben-Nocken mit einem Schaumlöffel aus dem Wasser heben, abtropfen lassen und auf Teller verteilen. Die Käsesauce daraufgeben und die Kresse darüberstreuen.

Für 4 Personen • 50 Min. Zubereitung • Pro Portion ca. 560 kcal, 19 g E, 25 g F, 64 g KH

CHICORÉE-PFANNKUCHEN

AROMATISCH

1 TL Korianderkörner
4 Stängel Petersilie
300 g Mehl
Salz
1 Msp. Backpulver
300 ml Milch
200 ml kohlensäurehaltiges Mineralwasser
4 Eier
600 g Chicorée
4 EL Butterschmalz
1 EL brauner Zucker

1 Die Korianderkörner in einer Pfanne ohne Fett anrösten, bis sie würzig duften, dann in einem Mörser so fein wie möglich zerstoßen. Die Petersilie waschen und trocken schütteln, die Blättchen abzupfen und fein hacken. Das Mehl in einer Rührschüssel mit 1 TL Salz und dem Backpulver mischen. Nach und nach die Milch, das Mineralwasser, die Eier und die Petersilie unterrühren. Den Teig ca. 30 Min. quellen lassen.

2 Inzwischen Chicorée der Länge nach halbieren, von Strunk und welken Blättern befreien und waschen. Die Hälften längs in ca. 1 cm breite Streifen schneiden. Backofen auf 70° vorheizen. In einer großen Pfanne 1 EL Butterschmalz erhitzen und 1 TL Zucker hineinstreuen. Etwa ein Viertel des Chicorées in die Pfanne geben, salzen und bei starker bis mittlerer Hitze unter Rühren dünsten, bis die Streifen weich und gebräunt sind.

3 Den Teig durchrühren und etwa ein Viertel davon über den Chicorée in die Pfanne geben. Den Pfannkuchen bei mittlerer Hitze ca. 3 Min. backen, bis der Teig auch an der Oberfläche fest wird. Den Pfannkuchen mithilfe eines Pfannenwenders vom Pfannenboden lösen, auf einen großen Teller gleiten lassen und zurück in die Pfanne stürzen, dann in ca. 2 Min. goldbraun backen. Pfannkuchen im heißen Ofen (Mitte) warm halten. Die übrigen drei Pfannkuchen auf die gleiche Weise fertigstellen.

Für 4 Personen • 40 Min. Zubereitung • 1 Std. Kühlen • 40 Min. Backen • Pro Portion ca. 690 kcal, 23 g E, 45 g F, 48 g KH

WEISSKOHL-FETA-TARTE

GUT VORZUBEREITEN

FÜR DEN TEIG

225 g Mehl
Salz
125 g kalte Butter
1 Ei

FÜR DEN BELAG

1 kleiner Weißkohl (ca. 700 g)
Salz
½ Bund Petersilie
200 g Schafskäse (z. B. Feta)
Pfeffer
150 g saure Sahne
2 Eier
1 TL edelsüßes Paprikapulver

AUSSERDEM

Tarteform (ca. 30 cm ∅)

TAUSCH-TIPP

Statt Weißkohl schmecken auch Endivien- oder Zuckerhutsalat (beide nur sehr kurz blanchieren) oder klein gewürfelte, gegarte Rote Bete.

TEIG: Das Mehl mit 1 TL Salz mischen. Die Butter klein würfeln, mit dem Ei zum Mehl geben und alles zu einem glatten Teig verkneten. Den Teig zu einer Kugel formen und zwischen zwei Blättern Backpapier rund ausrollen (ca. 35 cm ∅). Die Tarteform zuerst mit einem Stück Backpapier, dann mit dem Teig auslegen, dabei rundum einen ca. 2 cm hohen Rand hochziehen. Den Teig in der Form ca. 1 Std. kühl stellen.

BELAG: Inzwischen den Kohl von den äußeren welken Blättern befreien, waschen, vierteln und den Strunk jeweils keilförmig aus der Mitte herausschneiden. Die Kohlviertel quer in etwa 0,5 cm breite Streifen schneiden. Reichlich Salzwasser in einem Topf zum Kochen bringen. Weißkohl ca. 1 Min. sprudelnd darin kochen, kalt abschrecken und abtropfen lassen. Petersilie waschen und trocken schütteln, Blättchen abzupfen und fein hacken. Den Schafskäse fein zerkrümeln.

FERTIGSTELLEN: Den Backofen auf 200° vorheizen. Den Kohl mit der Petersilie und dem Schafskäse mischen, mit Salz und Pfeffer abschmecken und auf dem gekühlten Teigboden verteilen. Die saure Sahne mit den Eiern, Paprikapulver und Salz verrühren, alles auf dem Kohl verteilen. Die Tarte im heißen Ofen (Mitte) ca. 40 Min. backen, bis sie gebräunt ist. Dann ca. 10 Min. ruhen lassen und servieren.

REGISTER

Vegetarische Rezepte, die im Buch mit einem 🌢 gekennzeichnet sind, sind hier grün abgesetzt.

Abkürzungsverzeichnis:
E = Eiweiß
EL = Esslöffel (gestrichen)
F = Fett
kcal = Kilokalorien
KH = Kohlenhydrate
Msp. = Messerspitze
Pck. = Päckchen
TK- = Tiefkühl-
TL = Teelöffel (gestrichen)
Ø = Durchmesser

Projektleitung: Vanessa Lotz
Lektorat: Julia Genazino
Korrektorat: Jutta Friedrich
Gesamtgestaltung: independent Medien-Design, München: Horst Moser (Artdirection), Lucie Heselich, Svenja Wamser
Herstellung: Petra Roth
Satz: Kösel, Krugzell
Reproduktion: medienprinzen GmbH, München
Druck und Bindung: Firmengruppe APPL, aprinta druck, Wemding
Syndication: www.seasons.agency
Printed in Germany

1. Auflage 2019
ISBN 978-3-8338-7141-2

www.facebook.com/gu.verlag

GRÄFE UND UNZER

Ein Unternehmen der
GANSKE VERLAGSGRUPPE

DIE AUTORIN

Cornelia Schinharl hat ihre Liebe zum Essen zum Beruf gemacht und gibt seit vielen Jahren ihren großen Erfahrungsschatz als Food-Journalistin und Kochbuchautorin weiter. Dafür hat sie schon zahlreiche Auszeichnungen bekommen. Für dieses Buch hat sie kreative Rezepte für die Winterküche entwickelt.

DIE FOTOGRAFIN

Coco Lang fotografiert Food und Stills in ihrem Werkstattstudio direkt am Münchner Viktualienmarkt. Zusammen mit den Foodstylisten **Daniel Schwarz** (Rezeptfotos) und **Sven Dittmann** (Klappen) hat sie die Wintergemüse stilvoll in Szene gesetzt.

BILDNACHWEIS

Coco Lang: S. 06–59 und Fotos auf den Klappen
Autorenfoto: Martina Görlach
Coverfoto: Silvio Knezevic

Umwelthinweis:
Dieses Buch ist auf PEFC-zertifiziertem Papier aus nachhaltiger Waldwirtschaft gedruckt.

QUALITÄTS G|U GARANTIE

LIEBE LESERINNEN UND LESER,

wir wollen Ihnen mit diesem Buch Informationen und Anregungen geben, um Ihnen das Leben zu erleichtern oder Sie zu inspirieren, Neues auszuprobieren. Wir achten bei der Erstellung unserer Bücher auf Aktualität und stellen höchste Ansprüche an Inhalt und Gestaltung. Alle Anleitungen und Rezepte werden von unseren Autoren, jeweils Experten auf ihrem Gebiet, gewissenhaft erstellt und von unseren Redakteuren/innen mit größter Sorgfalt ausgewählt und geprüft.

Haben wir Ihre Erwartungen erfüllt? Sind Sie mit diesem Buch und seinen Inhalten zufrieden? Haben Sie weitere Fragen zu diesem Thema? Wir freuen uns auf Ihre Rückmeldung, auf Lob, Kritik und Anregungen, damit wir für Sie immer besser werden können. Und wir freuen uns, wenn Sie diesen Titel weiterempfehlen, in Ihrem Freundeskreis oder online.

Sollten wir Ihre Erwartungen so gar nicht erfüllt haben, tauschen wir Ihnen Ihr Buch jederzeit gegen ein gleichwertiges zum gleichen oder ähnlichen Thema um.

KONTAKT

GRÄFE UND UNZER VERLAG
Leserservice
Postfach 86 03 13
81630 München
E-Mail: leserservice@graefe-und-unzer.de

Telefon: 0 08 00 / 72 37 33 33*
Telefax: 0 08 00 / 50 12 05 44*
Mo – Do: 9.00 – 17.00 Uhr
Fr: 9.00 – 16.00 Uhr (*gebührenfrei in D,A,CH)

APPETIT AUF MEHR?

ISBN 978-3-8338-6618-0

ISBN 978-3-8338-6762-0

ISBN 978-3-8338-7076-7

ISBN 978-3-8338-6628-9

ISBN 978-3-8338-6695-1

ISBN 978-3-8338-6616-6

Alle hier vorgestellten Bücher sind auch als eBook erhältlich.

Mehr von GU auf **www.gu.de** und **facebook.com/gu.verlag**

DIE »GU KOCHEN PLUS«-APP

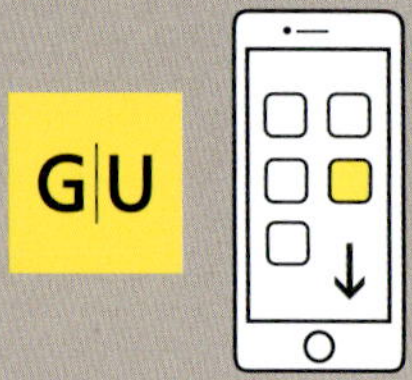

1 APP HERUNTERLADEN

Laden Sie die kostenlose »GU Kochen Plus«-App im Apple App Store oder im Google Play Store auf Ihr Smartphone. Starten Sie die App und wählen Sie Ihren Küchenratgeber aus.

2 REZEPTBILD SCANNEN

Scannen Sie das gewünschte Rezeptbild mit der Kamera Ihres Smartphones. Klicken Sie im Display die Funktion Ihrer Wahl.

3 FUNKTIONEN NUTZEN

Sammeln Sie Ihre Lieblingsrezepte. Speichern und verschicken Sie Ihre Einkaufslisten. Oder nutzen Sie den praktischen Supermarkt-Finder und den Rezept-Planer.